MAXI FAMILY MÉTIERS

LIVRE-JEU

ILLUSTRÉ PAR
PABLO DELCIELO

MILAN

BIENVENUE À FAMILLEVILLE

Un photographe est venu à Familleville et a tiré le portrait de toutes les familles.

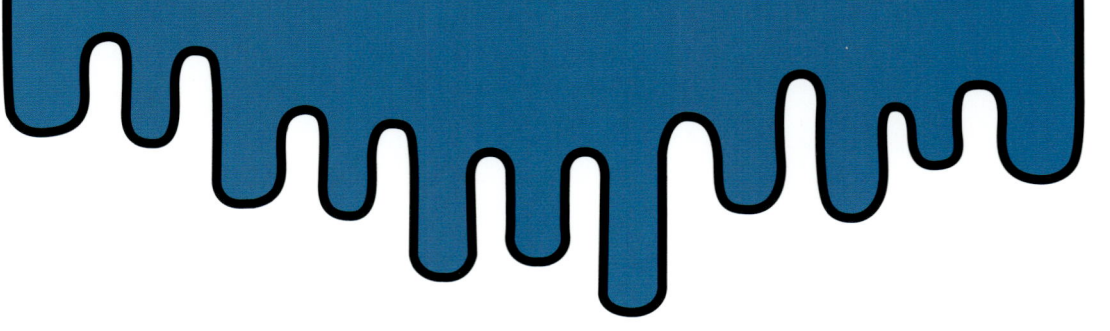

LES NECRAINRIEN

Toujours bien équipée, la famille Necrainrien est prête à partir à l'aventure : une lampe frontale pour la mère, une carte pour s'orienter pour le fils !

LES LIVROUVERT

Qu'on soit petit ou grand, dans la famille Livrouvert on a toujours un livre dans les mains : un roman d'aventures, une BD, un album de photographies...

LES STÉTHOSCOPE

Chez les Stéthoscope, on est médecin de père en fille. Face à un stéthoscope ou une mallette de médicaments, les microbes n'ont qu'à bien se tenir !

LES LATRUELLE

Un chantier, et voilà toute la famille Latruelle en train de travailler.
Une truelle pour la mère, une perceuse pour le fils : chacun a sa spécialité.

LES CROISSANTINE

Chez les Croissantine, la gourmandise n'est pas un vilain défaut. Le père façonne le pain, la mère décore les choux, et la grand-mère est en boutique !

LES ZANIMO

Vivre dans un zoo peut être risqué : garder les enclos bien fermés et apprivoiser les bêtes féroces. Mais ils adorent soigner leurs protégés.

LES GRANDÉCHELLE

Au feu, les pompiers ! La famille Grandéchelle est toujours sur le qui-vive. Un casque, une lance ou bien un arrosoir, le feu n'en a plus pour longtemps !

Maman Zanimo veut accrocher tous les portraits de sa famille, mais il lui en manque 1. Lequel ?

Les Necrainrien ont demandé au photographe de réaliser une photo de famille. Mais, c'est étrange, ils sont 7 ! Quelqu'un s'est incrusté sur la photo. Qui est-ce ?

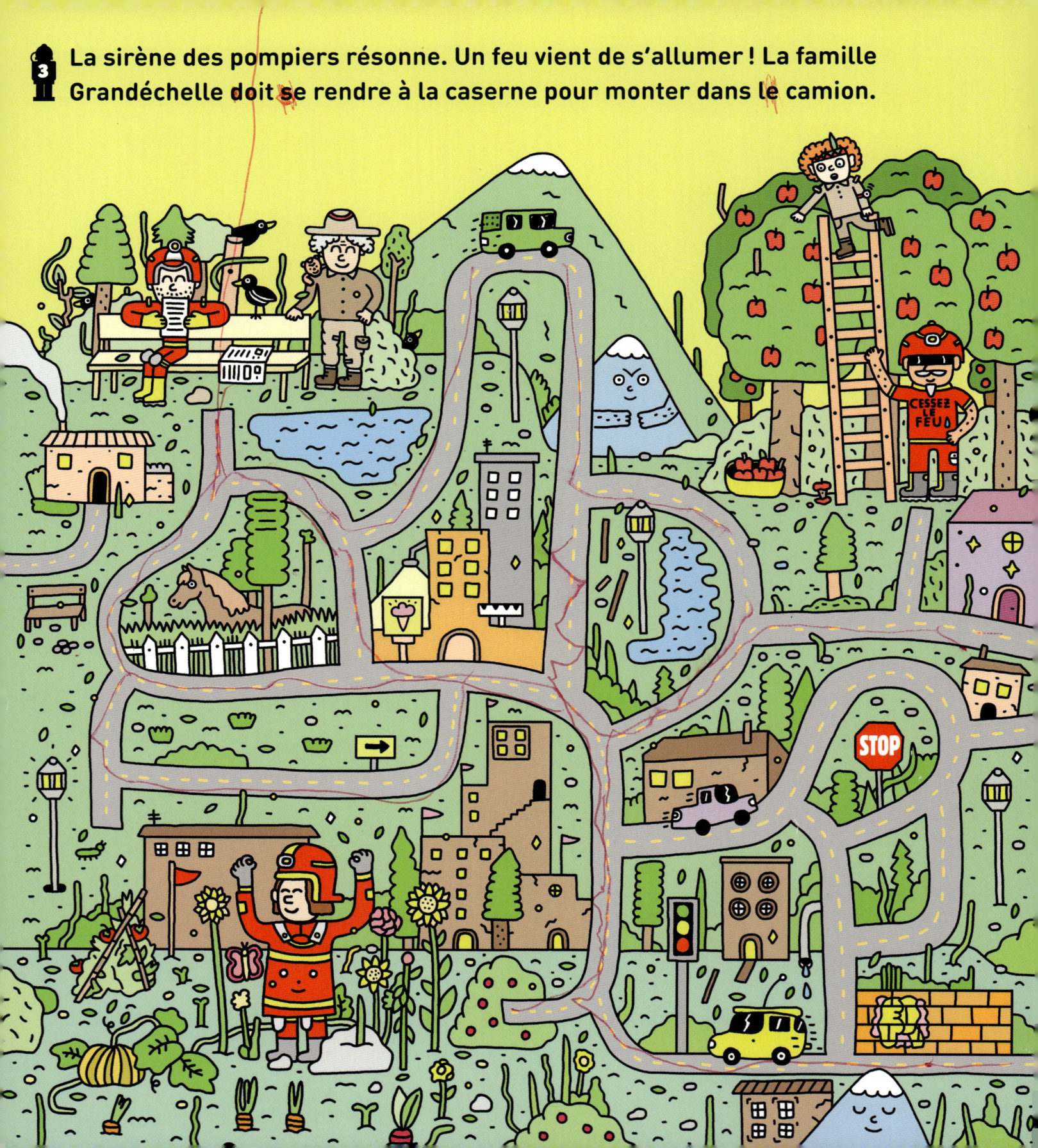

3 La sirène des pompiers résonne. Un feu vient de s'allumer ! La famille Grandéchelle doit se rendre à la caserne pour monter dans le camion.

Retrouve tous les membres de la famille et découvre quels chemins ils doivent emprunter pour rejoindre la caserne. Mais attention aux embûches !

À l'école de Familleville, c'est l'heure de la récréation : tous les enfants se sont réunis dans la cour.

Mais l'un d'eux est malade et a dû rester à l'infirmerie.
Qui loupe la récréation ?

Tous les grands-pères de Familleville se sont retrouvés pour une compétition de pétanque. L'un d'eux a préféré changer de tenue pour être plus à l'aise. Le vois-tu ?

Le photographe s'est emmêlé les pinceaux : il a confondu les portraits de 2 familles et ne sait plus à qui ils appartiennent ! Peux-tu l'aider ?

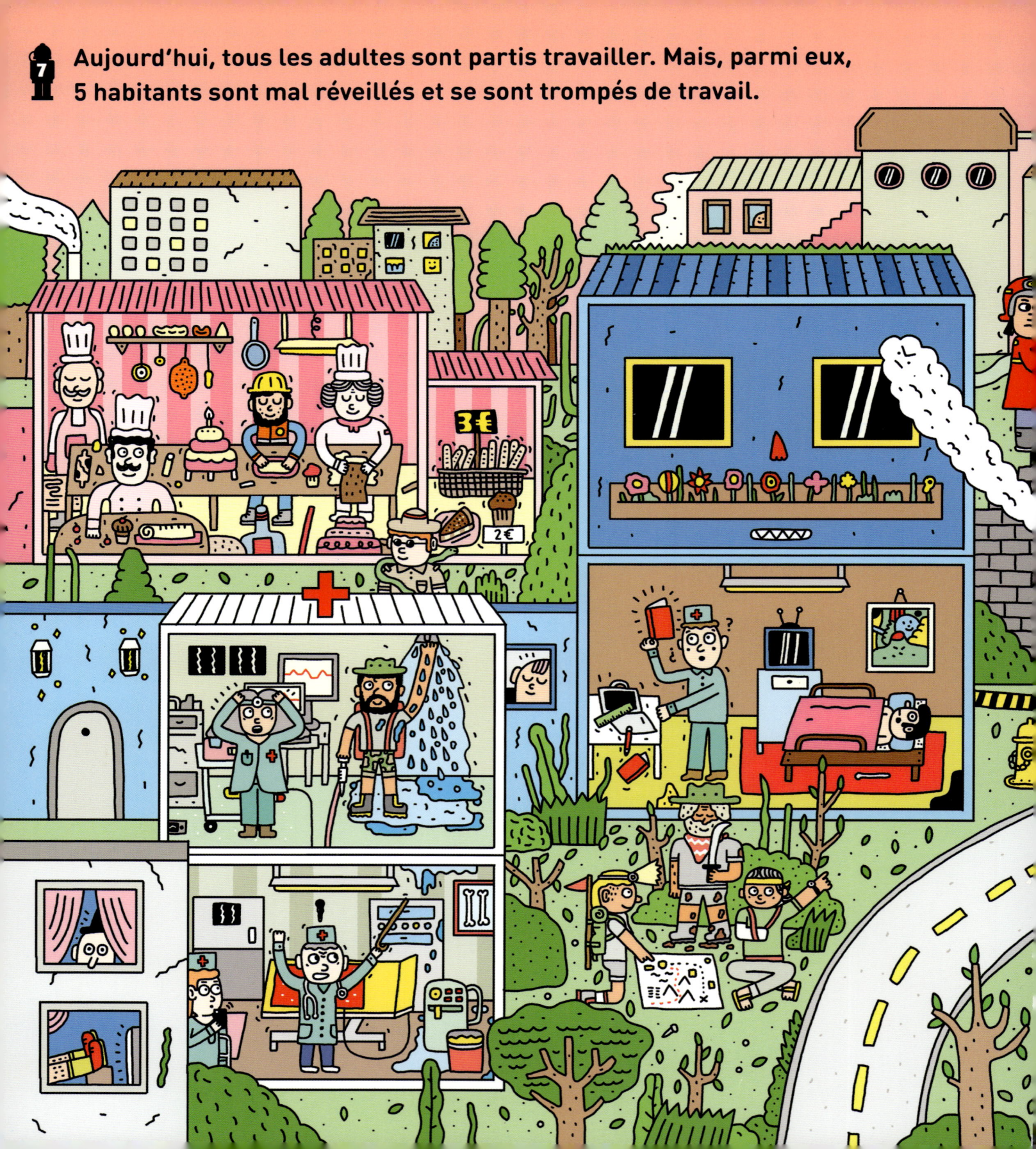

7 Aujourd'hui, tous les adultes sont partis travailler. Mais, parmi eux, 5 habitants sont mal réveillés et se sont trompés de travail.

Retrouve-les. Quel métier chacun exerce-t-il habituellement ?

C'est le jour du carnaval. Voici quelques habitants de Familleville qui se sont déguisés. Les reconnais-tu ?

Les Grandéchelle sont tout excités : 3 pompiers américains viennent leur rendre visite. Les aperçois-tu parmi les voyageurs ?

10 La famille Latruelle est à l'ouvrage : elle construit sa nouvelle maison.
8 habitants de Familleville sont venus lui prêter main-forte. Qui sont-ils ?

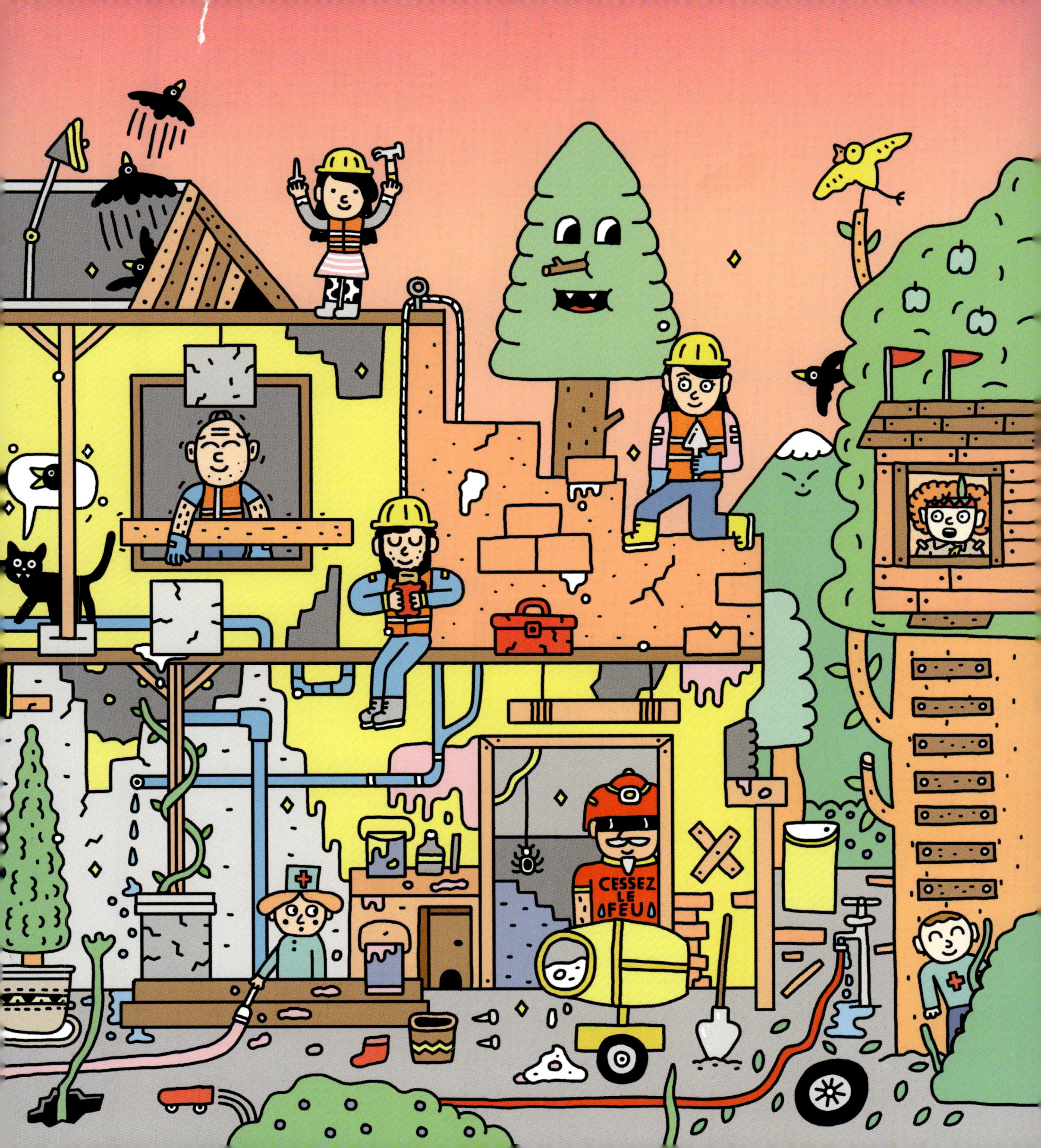
CESSEZ LE FEU

C'est l'anniversaire de la grand-mère Stéthoscope. Pour l'occasion, elle a convié les grands-mères des 6 autres familles au salon de thé. Quels gâteaux vont-elles choisir ?

12 Pendant ce temps, les 7 filles de toutes les familles déambulent dans le magasin de farces et attrapes. Chacune a choisi un masque. Sauras-tu retrouver qui se cache derrière ?

13 Les Necrainrien sont partis escalader un ancien volcan.
3 habitants de Familleville les accompagnent. Les vois-tu ?

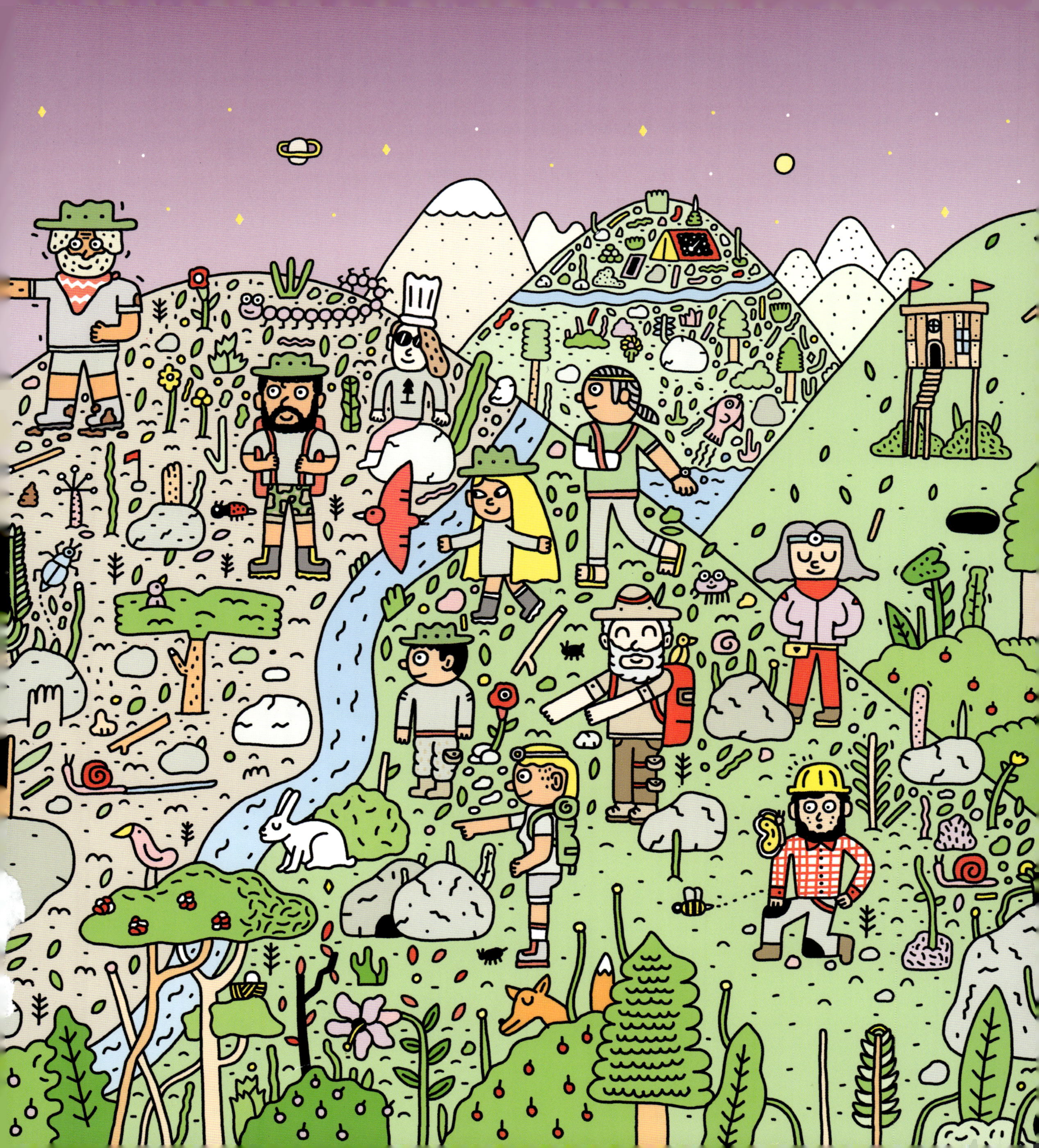

14 Le photographe s'est amusé à faire 7 retouches sur ces portraits des habitants de Familleville.

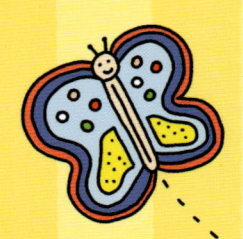

Les portraits retouchés sont sur la page de droite.
Quelles sont les 7 différences ?

15 Pas d'école aujourd'hui ! Les 14 enfants de Familleville passent la journée au parc.

Une grande partie de cache-cache est organisée.
Où se sont-ils dissimulés ?

C'est la fête du Travail à Familleville. Pour l'occasion, les 7 mères ont décidé d'échanger leurs métiers.

Quel métier chacune a-t-elle choisi d'exercer ?

17 C'est les vacances ! Les Necrainrien et les Livrouvert vont ensemble à la plage.

Mais, quand ils sortent de l'eau, leurs affaires sont toutes mélangées.
Aide-les à les retrouver.

18 C'est le jour de Noël ! La famille Croissantine a préparé les desserts pour tous ses clients.

La grand-mère Croissantine est perdue. Peux-tu l'aider à attribuer les gâteaux ?

19 Journée portes ouvertes au zoo : les Zanimo accueillent 3 familles pour leur faire visiter les lieux. Qui sont-elles ?

SOUVENIRS

20 Le grand-père Necrainrien est parti explorer la forêt tropicale. En tenue de camouflage, il se fond dans le paysage. Sauras-tu le retrouver ? Mais, attention, 3 dangers le guettent ! Détecte-les avant qu'il ne soit trop tard !

Le fils Livrouvert est amoureux d'une fille de Familleville.
Qui est l'heureuse élue ?

22 La neige est tombée toute la nuit, et les enfants en ont bien profité.
Mais ce n'est pas sans dégâts : tous les enfants de Familleville sont malades.

À l'hôpital, les mères sont venus chercher leurs enfants.
Aide-les à les retrouver.

23 Tout Familleville est en fête ! Les manèges sont installés, les confiseurs aussi. La chorale se prépare.

Tous les habitants sont réunis sur la place de la ville. Mais où sont-ils ?

MAXI FAMILY
JEUX SOLUTIONS

JEU 1 : Le grand-père.

JEU 2 : La fille Livrouvert.

JEU 3 :

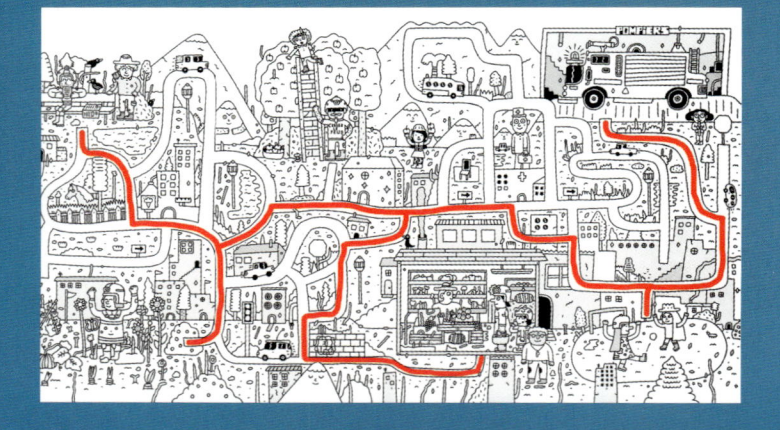

JEU 4 : Le fils Croissantine.

JEU 5 : Le grand-père Croissantine.

JEU 6 :
La famille Stéthoscope
et la famille Livrouvert.

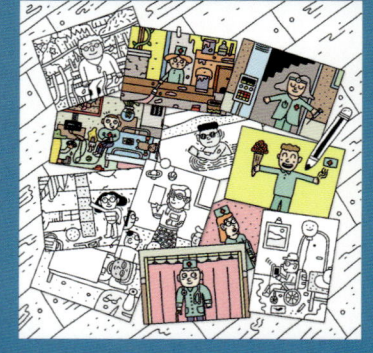

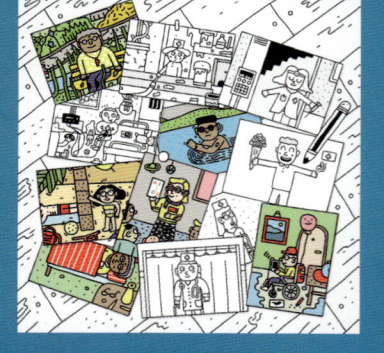

JEU 7 :

Le père Latruelle est pâtissier,
le père Necrainrien travaille à l'hôpital,
la mère Croissantine est pompier,
le père Livrouvert soigne les animaux, et
le grand-père Grandéchelle est professeur.

JEU 8 :

La mère Zanimo

Le grand-père Stéthoscope

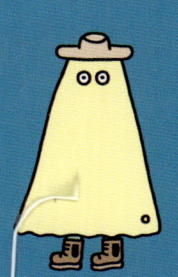

Le père Grandéchelle

Le grand-père Livrouvert

Le fils Livrouvert

La grand-mère Zanimo

JEU 9 :

JEU 10 :

Le grand-père et le fils Zanimo,
le père Necrainrien, le grand-père
et la grand-mère Livrouvert, la fille
et le fils Stéthoscope, et le grand-père
Grandéchelle.

JEU 11 :

JEU 12 :

La fille Stéthoscope
La fille Latruelle
La fille Livrouvert
La fille Grandéchelle
La fille Zanimo
La fille Croissantine
La fille Necrainrien

JEU 13 : La fille Croissantine, la grand-mère Stéthoscope et le père Latruelle.

JEU 14 :

JEU 15 :

JEU 16 : La mère Grandéchelle va partir en exploration, la mère Croissantine est sur le chantier, la mère Zanimo est docteur, la mère Latruelle est pompier, la mère Necrainrien travaille à l'école, la mère Livrouvert est pâtissière, et la mère Stéthoscope est gardienne de zoo.

JEU 17 : La famille Necrainrien.